Um einen Baum

von Frederik Hetmann
illustriert von Wilfried Poll

Lesemaus-Geschichten
herausgegeben von Stefan Wilfert

Serie: Ich und du und die anderen

Oldenbourg

1. Auflage 1992

Unveränderter Nachdruck 95 94 93 92
Die letzte Ziffer bezeichnet lediglich das Jahr des Drucks.

Lektorat: Ute Busche und Antje Glimmann
Herstellung: Susanne Büttner

Satz: Layoutsatz-Repro Horst Gerbert, Haar b. München
Repro: Wartelsteiner GmbH, Garching b. München
Druck: Schoder Druck, Gersthofen

ISBN 3-486-**13192**-3

In der Schule hat die Lehrerin, Frau Brühl,
den Kindern von Gott erzählt.
Sie hat gesagt: „Gott hat alle Dinge erschaffen.
Die Menschen, die Bäume, die Berge und
Flüsse, die ganze Welt und die Sterne."

Fenz hat gefunden, das sei schwer vorzustellen:
Einer, der das alles kann.
Aber na schön, wenn es die Lehrerin sagt. Die wird das schon wissen.
Er hat es nur merkwürdig gefunden, daß seine Mutter und sein Vater ihm nie etwas davon

erzählt haben. Sie haben sich auch nie darüber unterhalten. Obwohl sie doch sonst immer endlos über alles mögliche reden und ihn nie zu Wort kommen lassen.

Frau Brühl hat auch gesagt: „Alle Menschen, die Sorgen haben, können mit Gott reden, und wenn sie mit Gott sprechen, dann nennt man das Gebet." Ein Mädchen hat gefragt, ob sie auch mit Gott darüber reden könne, daß sie mal so gern daheim zum Nachtisch zwei Portionen Eis haben möchte statt bloß einer. Da hat sich Fenz gemeldet, ehe die Lehrerin noch etwas hat sagen können, und hat geantwortet, das könne sich Karin wohl denken – wenn einer ständig damit beschäftigt sei, alle Bäume, Blumen, Flüsse, Menschen und Tiere

neu zu machen,
daß er sich dann nicht auch
um Karins zweite Portion Eis kümmern könne.
Dann ist ein wilder Streit in der Klasse losgegangen.
Die einen haben gesagt: die zweite Portion Eis, die sei schon wichtig.
Die anderen haben gesagt: Gott dafür einspannen zu wollen, daß man eine zweite Portion Eis kriege, sei geradezu eine Beleidigung Gottes.
Frau Brühl hat die Kinder reden lassen, und als sie sich abgeregt hatten, hat sie gesagt, eines müsse sie noch klarstellen:

Zu Anfang hat Gott die Menschen geschaffen, die Welt, die Pflanzen, die Tiere, eben alles. Aber er habe auch gleich dafür gesorgt, daß es immer neue Menschen gäbe, neue Tiere und neue Pflanzen, wenn die einen alt geworden seien und sterben müßten.

Und noch eines wolle sie sagen: Wenn die zweite Portion Eis für Karin eine so wichtige Sache sei, solle sie mal ruhig mit Gott darüber reden. Irgendwann werde er Karin sicher erklären, daß Hunger auf Süßigkeiten und noch mehr Süßigkeiten etwas mit Hunger nach Liebe zu tun habe. Und so werde vielleicht auf diese Weise, wenn sie mit Gott rede, nicht nur die Sache mit der zweiten Portion Eis, sondern vielleicht noch so manch anderes in Ordnung kommen.

Fenz hat danach gefunden, es hätte eigentlich noch viel zu reden gegeben über Gott, die Welt und die Menschen. Beispielsweise warum Gott, wenn er am Anfang schon alles gemacht hat, es so einrichten mußte, daß die Menschen mal sterben müssen und die Tiere und die Bäume auch. Darüber hätte er auch gern mal mit den anderen und Frau Brühl geredet. Aber die Stunde ist um gewesen und die Schule für diesen Tag aus.

Draußen hat die Sonne geschienen. Fenz' Mutter hat im Auto auf ihn gewartet, und sie sind zusammen aufs Dorf gefahren, wo sie einen Garten haben…
Die Mutter hat im Garten gearbeitet, und Fenz ist auf sein Baumhäuschen im Mirabellenbaum geklettert. Er hat den ganzen Nachmittag in dem Baumhäuschen gespielt.

Er ist manchmal ein Affe gewesen. Er hat sich an den einen Ast des Mirabellenbaumes gehängt und hat daran geschaukelt. Seine

Mutter hat es vom Gemüsegarten aus gesehen und ihm zugerufen:
„Fenz, häng dich nicht an den Ast! Du bist zu schwer. Der bricht sonst runter."

Also hat er den Ast losgelassen, denn er gehorcht, wenn seine Mutter ihm was sagt.

Jedenfalls fast immer.

Aber später dann, als die Mutter hinter der Himbeerhecke zu tun gehabt hat, hat er tatsächlich regelrecht vergessen, was ihm die Mutter gesagt hat. Er ist vom Rasen hochgesprungen, hat mit beiden Händen den Ast gefaßt, dann die Beine angezogen und sie vorn um den Ast gelegt und hat so mit dem Ast gewippt.

Er hat gedacht: „Jetzt bin ich wieder ein Affe.
Ach, haben es Affen gut, daß sie so prima
schaukeln können."
Es ist herrlich gewesen, so an dem Ast zu
hängen und zu schaukeln.
Bei jeder Bewegung hat der Ast einen leisen,

knarrenden Ton von sich gegeben, aber Fenz hat weiter nicht darauf geachtet, weil es eben so ein schönes Gefühl war, an dem Ast zu hängen wie ein Affe.
Plötzlich aber hat der Ast geschrien. Richtig laut aufgeschrien hat er, wie jemand, der große Schmerzen hat. Fenz hat den Ast sofort losgelassen und hat sich ins Gras fallen lassen. Er hat sich hochgerappelt und ist zu dem Baum hingegangen. Er hat sich den Ast genau angesehen.
Ein Stück von der Stelle weg, an der der Ast am Stamm angewachsen ist, hat es einen Riß gegeben: Nicht, daß der Ast schon völlig durchgebrochen wäre. Aber der Riß ging durch die Rinde bis ins Holz darunter.
Fenz hat gewußt, wenn in nächster Zeit ein Sturm kommt, dann wird der ganze Ast abbrechen, und sein Baumhäuschen stürzt runter und ist auch hin. Und freilich kriegt dann die Mutter auch raus, daß er trotz ihres Verbots sich doch wieder an den Ast gehängt hat.

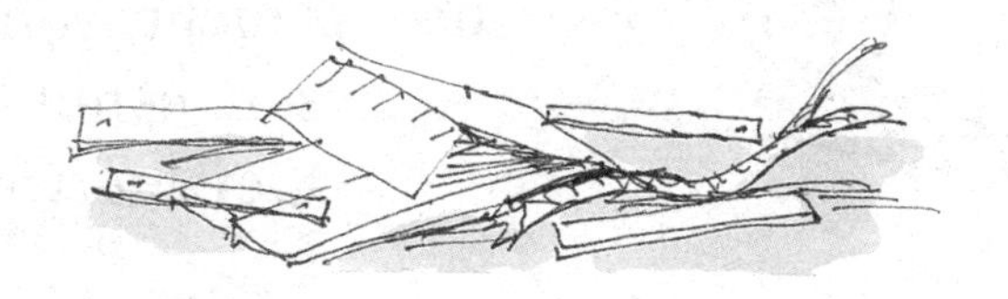

Er hat mit
der Hand nach
oben gegriffen und
hat vorsichtig über
die Stelle gestrichen,
an der der Riß war.
Der Riß ist nicht
weggegangen davon.
Schade, hat Fenz gedacht,
wenn ich jetzt Gott wäre,
könnte ich den Riß
wegmachen.
Vorausgesetzt,
ich hätte dann gesehen,

daß sich der Baum
verletzt hat. Er hat zum
Himmel geblickt, aber
da war nichts von Gott
zu sehen, nur große
Gewitterwolken.

Er ist um den Baum herumgegangen, um festzustellen, ob der ihn böse anschaut. Das hat er eigentlich nicht finden können.
Dann ist seine Mutter aus dem Garten heruntergekommen, und um sie nicht darauf aufmerksam zu machen, was mit dem armen Baum passiert ist, hat sich Fenz davongemacht.
Er ist den ganzen Nachmittag nicht mehr auf das Baumhäuschen gestiegen, weil er Angst gehabt hat, der Riß könnte davon schlimmer werden.

Ehe sie in die Stadt zurückgefahren sind, ist Fenz noch einmal zu dem Baum hingegangen. Es ist schon dunkel gewesen. Die Mutter hat gesagt, es werde wohl noch ein Gewitter kommen. In der Ferne hat es schon gedonnert. Fenz hat mit der Hand wieder nach dem Riß gesucht. Er hat so eine verrückte Hoffnung gehabt, der Riß könnte zugeheilt sein. Der Riß ist immer noch dagewesen.
Die Mutter hat Fenz gerufen, er solle jetzt endlich kommen. Sie wolle losfahren.

Im Auto sitzt Fenz auf der Hinterbank.
Die Mutter sitzt vorn am Steuer. Als sie dann auf der Autobahn sind, fängt es fürchterlich an zu stürmen und zu regnen.
„Heute haben wir in der Schule von Gott erzählt bekommen", sagt Fenz zu seiner Mutter.
„Ah ja."
„Die Menschen können mit Gott sprechen. Man nennt das Gebet. Wenn jemand betet, darf man ihn dabei nicht stören. Ich will das jetzt mal versuchen."
Eine ganze Weile ist es still da hinten.
Der Regen ist stärker geworden. Windböen und Regenschauer zerren und rucken an dem Auto, das auf der Autobahn fährt und in dem die Mutter und Fenz drinsitzen.

„Also“, sagt Fenz plötzlich, „jetzt bin ich fertig.“

„Was war denn?“ fragt die Mutter.
„Ich habe mich mit Gott unterhalten.“
„Na, dann war es ja gut, daß ich dich nicht gestört habe.“
„Und du fragst gar nicht, worüber wir uns unterhalten haben?“
„Ist das nicht ein Geheimnis?“
„Du kannst es schon wissen“, sagt Fenz großzügig.
„Also, über was hast du dich nun mit Gott unterhalten?“ fragt die Mutter.

„Weißt du, es ist ziemlich peinlich", sagt Fenz, „heute nachmittag, als du mir gesagt hast, ich soll nicht, und ich trotzdem wieder so rumgeturnt bin, hat der Ast geknackt. Er hat laut geschrien. Er ist nicht ganz ab, aber er ist angeknackst… und jetzt dieser Sturm und das Gewitter. Darüber habe ich mit Gott geredet."
„Und was hat er gesagt?" fragt die Mutter, während draußen gerade ein Blitz zuckt.
„Er hat gesagt: Ich muß mich, glaub' ich, mal um diesen Baum etwas kümmern."

Frederik Hetmann

Ich bin 1934 geboren, verheiratet und habe Kinder.
Ich bin viel gereist, vor allem nach Irland, England, in den USA und in Afrika.
Hobbies habe ich keine, vielleicht weil das Schreiben für mich Arbeit und Hobby zugleich ist. Ich höre gerne Musik (Klassik und Bob Dylan), sehe gerne Filme und unterlasse es selten, Museen und Ausstellungen zu besuchen, wenn ich mich in großen Städten aufhalte.
Ich bewundere Bäume und habe eine Neugier gegenüber alten Kulturen, weil ich die Vorstellung nicht loswerde, die Menschen könnten in ihrer Jagd nach Fortschritt, bei der Ausbeutung ihrer Mitmenschen und ihrer Umwelt etwas Entscheidendes vergessen oder verlernt haben.

Lesemaus-Geschichten herausgegeben von Stefan Wilfert

Serie:
Na so was!
Wer hätte das gedacht!

König für eine halbe Stunde
von Hans-Joachim Netzer, Best.-Nr. 04301

Der Prinz mit der goldenen Flöte
von Dimiter Inkiow, Best.-Nr. 04302

Wie der große Bär an den Himmel kam
von Tilde Michels, Best.-Nr. 04303

Zehn Flaschen Bier
von Paul Maar, Best.-Nr. 04304

Selten seltsame Tiere
Geschichten von Burkhard Hiller
und Frederik Hetmann, Best.-Nr. 04305

Vier Geschichten zum Staunen
Best.-Nr. 04306

Serie:
Ich und du
und die anderen

Jenny
von Achim Bröger, Best.-Nr. 13191

Um einen Baum
von Frederik Hetmann, Best.-Nr. 13192

Der Autofänger von Reifenhausen
von Harald Grill, Best.-Nr. 13193

Tränen am Geburtstag
von Else Deuse, Best.-Nr. 13194

Die Ratte
von Walter Hörmann, Best.-Nr. 13195

Der gelbe Junge
von Peter Härtling, Best.-Nr. 13196